Contraste insuffisant

NF Z 43-120-14

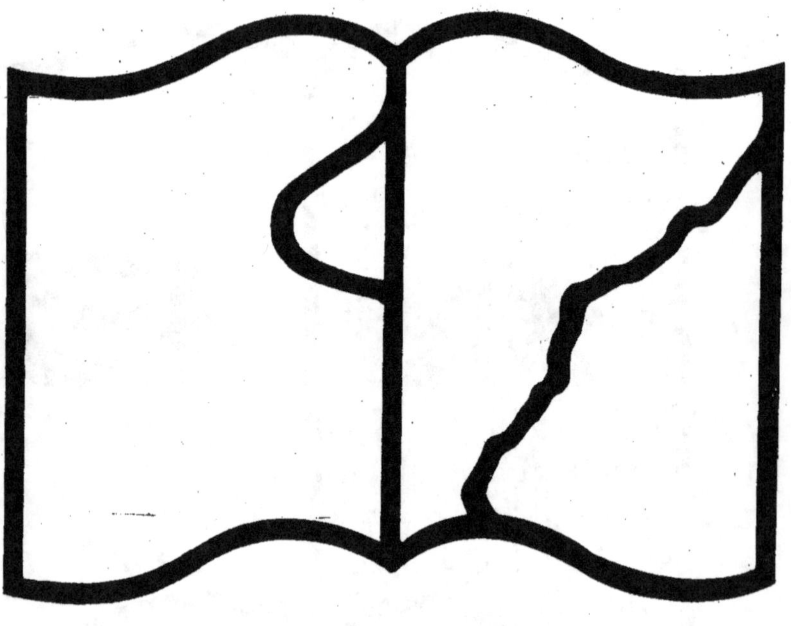

Texte détérioré — reliure défectueuse

NF Z 43-120-11

L'Ecole de l'Esterel

CANNES

IMPRIMERIE V. GUIGLION

1902

H. GAUDICHON, Phot.

Aile gauche

L'ÉCOLE DE L'ESTEREL

L'École de l'Esterel a été fondée par un groupe de pères de famille, en vue de donner aux enfants la meilleure, la plus complète, la plus rationnelle éducation française.

Située à Mandelieu, à 7 kilomètres de Cannes (Alpes-Maritimes) et à 2 kilomètres de La Napoule, station précédant Cannes sur la ligne Paris-Lyon-Marseille, Nice et l'Italie, l'École est construite dans une propriété de 10 hectares, en pleine campagne, dans un site merveilleux. à proximité de la mer.

Les bâtiments sont à mi-côte, sur le flanc d'une colline, au pied des monts de l'Esterel. Des bois de pins, de chênes-liège et d'essences balsamiques couvrent une grande partie de la propriété.

But de l'École

Nous ne devons pas méconnaitre ce qu'il y a d'excellent dans les pédagogies étrangères et les résultats qu'on obtient chez nos voisins : mais s'il est de notre devoir de chercher à développer certaines qualités qui n'atteignent pas leur plénitude chez nous et à atténuer certaines de nos tendances mauvaises, nous devons respecter notre passé, nos traditions, nos mœurs civiles et sociales, tenir compte de notre climat, de notre race, avec ses aptitudes physiques, intellectuelles et morales, ses qualités et ses défauts : nous ne devons pas oublier, en un mot, que ce sont des Français que nous élevons.

Pénétrés de cette pensée, nous avons étudié très soigneusement tout ce qui s'est dit, tout ce qui s'est écrit, tout ce qui s'est fait en France pour la réforme de l'éducation ; puis nous avons visité les différents types d'écoles anglaises et nous nous sommes renseignés, aussi complètement que possible, sur les écoles allemandes, suisses, belges, etc. Nous pensons être arrivés à dégager ce que doit être le type réel de l'Ecole rationnelle française.

Nous reprochons aux lycées et aux collèges actuels de donner à l'enfant une éducation qui ne répond plus aux besoins modernes ; de le mettre dans des conditions *anormales* d'existence, de lui imposer un régime ressemblant plus à celui d'une prison ou d'une caserne qu'à celui de la vie de famille ; de ne se soucier que de l'instruction (et encore pas au point de vue pratique) en laissant de côté presque totalement l'éducation morale et l'éducation physique ; de sembler n'avoir pour but que de faire des diplômés et rien que des diplômés.

Notre Ecole répond aux nécessités de notre époque et aux difficultés croissantes que rencontreront nos fils lorsqu'ils seront en âge de se choisir une carrière ; c'est une Ecole où l'enfant a une vie *normale*, analogue à sa vie de famille ; une Ecole où l'on fait œuvre non pas seulement d'instruction mais véritablement d'éducation, où la vie morale, la vie physique, la vie intellectuelle de l'enfant sont également l'objet de nos soins et de nos préoccupations ; une école, enfin *d'où sortent également des diplômés* mais où nous faisons avant tout des hommes.

L'idéal que nous nous efforçons de réaliser est celui-ci :

Faire de nos enfants des hommes bien portants, forts et vaillants, ayant un caractère loyal, l'amour de la vérité et du devoir ; développer en eux la volonté, l'énergie, l'habitude du travail, l'idée de la responsabilité individuelle ; leur donner une instruction aussi complète que possible et des vues justes sur toutes choses ; les préparer à la vie et les mettre en état de choisir n'importe quelle carrière et de se créer une situation indépendante.

Les Bâtiments L'Ecole est construite avec la juste préoccupation d'observer toutes les lois de l'hygiène.

Vue à travers bois

Placés sur la colline, à une altitude convenable, les bâtiments ont leur rez-de-chaussée établi sur sous-sols, à 1 ^{m} 50 au-dessus du niveau de la plate-forme extérieure, et affranchi de tout risque d'humidité.

Toutes les classes, salles d'élèves et chambres-dortoirs sont en plein midi, avec de grandes baies laissant pénétrer partout l'air et la lumière. Les murs, plafonds et sols ne laissent aucune retraite aux poussières malsaines. En un mot, l'école a tous les caractères hygiéniques d'un établissement sanitaire moderne; mais l'apparence gaie et confortable des pièces, le mobilier soigné et conçu avec une égale recherche de l'utile et de l'agréable, tout concourt à lui donner l'aspect séduisant d'une résidence familiale.

Les services sont organisés dans les meilleures conditions hygiéniques et avec les derniers perfectionnements. L'eau d'alimentation, distribuée dans l'école, est stérilisée préalablement au moyen d'un appareil spécial laissant à l'eau sa saveur, ses sels et ses gaz.

Nous avons installé le système des dortoirs subdivisés en 12 cabines faisant chambres particulières. Chaque cabine est assez grande pour contenir le lit, une armoire, une table-toilette et une commode. L'enfant possède ainsi une installation confortable, lui rappelant la chambre de la maison paternelle, et dans laquelle il peut procéder librement à sa toilette. Les cloisons qui séparent les chambres ne s'élevant pas jusqu'au plafond, les enfants profitent du cube d'air général du dortoir et la surveillance est facilitée par le couloir central.

Les fenêtres sont ouvertes toute la journée.

Les classes sont vastes et en nombre suffisant pour permettre de ne réunir que 10 ou 12 élèves au maximum à la fois. Le mobilier scolaire est construit de façon à rendre impossible toute attitude vicieuse du corps et à éviter les chances d'altération de la vue des enfants.

La salle à manger a l'aspect familial et non l'air froid et sévère d'un réfectoire.

Education morale et religieuse. Vivant tous de la vie de famille, professeurs et élèves doivent avoir une estime et une confiance réciproques. Nos maîtres, se dévouant à cette œuvre si grande, si passionnante, de l'Education rationnelle française, ont tous au cœur le véritable amour des enfants, cette affection qui se double de la fermeté nécessaire, et c'est par l'influence morale que leur donne cet amour qu'ils agissent sur les élèves.

On éveille chez les enfants le sentiment de la responsabilité personnelle, on cultive leur volonté que l'on dirige au début pour, graduellement, la rendre libre ; on inspire aux élèves l'amour de la vérité, le sentiment du devoir, le courage de le pratiquer toujours ; on cherche à leur donner de l'initiative, de l'énergie, de la persévérance, des habitudes de travail sérieux et durable ; en un mot le but poursuivi est de faire des hommes *bien armés pour la vie,* ayant l'esprit droit, le cœur noble.

La religion doit tenir une grande place dans la vie ; elle double la force morale ; il faut qu'elle pénètre l'individu et qu'elle dirige tous ses actes. C'est le grand principe sur lequel repose l'œuvre d'éducation entreprise à l'Esterel.

Les élèves de l'Ecole ont la liberté absolue de pratiquer leur religion quelle qu'elle soit, et les pères de famille indiquent, en inscrivant leurs enfants, ce qu'ils désirent à ce sujet ; leur volonté est entièrement respectée.

Les enfants sont très sérieusement instruits dans leur religion respective et ils la pratiquent véritablement. Le Directeur de l'Ecole est prêtre catholique, tous les professeurs sont laïques et appartiennent les uns à la religion catholique, les autres à la religion protestante ; les élèves protestants sont sous la direction d'un pasteur, et les élèves russes sous celle de l'archiprêtre de l'église russe de Cannes.

Rien dans l'Ecole ne peut porter atteinte à la liberté de conscience et les enfants sont élevés dans le respect réciproque de leurs croyances religieuses.

Une Allée de l'École

Éducation Physique. « La première condition du succès pour « l'homme dans la vie, a dit Herbert Spencer, « c'est d'être un animal parfait, et posséder une race de tels hommes est la première condition de prospérité pour une nation. »

Quel père n'est prêt aux plus grands sacrifices pour assurer à ses enfants la santé, ce bien sans prix ?

Beaucoup d'hommes de notre génération sont délicats et débiles, et ne doivent cette faiblesse physique qu'à une éducation vicieuse au point de vue hygiénique. Ils auraient, eux aussi, des épaules larges et des " biceps " si, dans leur jeunesse, consacrée uniquement à l'étude, on eût fait suffisante la part des jeux et du plein air.

Faire de nos fils, non des athlètes, mais des hommes sains et forts, c'est le plus grand service que nous puissions leur rendre.

La vie en plein air sous un climat extrêmement sain, l'observation absolue des lois de l'hygiène dans tout le régime de l'école, la place consacrée aux jeux et aux exercices physiques dans les travaux de nos élèves, nous permettent d'affirmer que nous atteignons ce but.

RÉPARTITION DU TEMPS A L'ÉCOLE, *les jours ordinaires.*

Petits : avant 12 ans.   Grands : après 12 ans.

6 h. 1/2..	Lever.— Prière................	6 h.
7 h......	Etude........................	6 h. 1/2
7 h. 3/4..	Déjeuner.— Récréation : menuiserie.	7 h. 3/4
8 h. 1/4..	Classe.......................	8 h. 1/4
9 h. 1/4..	Récréation...................	9 h. 1/4
9 h. 1/2..	Classe.......................	9 h. 1/2
10 h. 1/2..	Récréation..................	10 h. 1/2
10 h. 3/4..	Classe......................	10 h. 3/4
11 h. 3/4..	Temps libre : mécanique........	11 h. 3/4
12 h......	Repas........................	12 h.
12 h. 1/2..	Récréation...................	12 h. 1/2

Petits		Grands
1 h......	Etude (libre pour les petits)..........	1 h.
2 h......	Jeux en commun obligatoires.......	2 h.
3 h. 1/2..	Classe......................	3 h. 1/2
4 h. 1/2..	Goûter. — Récréation..........	4 h. 1/2
5 h......	Etude......................	5 h.
7 h......	Dîner.— Soirée.............	7 h.
................................Etude		8 h. 1/4
8 h. 1/4..	Coucher.....................	9 h.

Détails de la vie physique   **Sommeil.**— Il est accordé 10 heures ½ de sommeil aux élèves au-dessous de douze ans et 9 h. à ceux plus âgés, temps suffisant mais indispensable pour des enfants donnant une somme réelle de travail intellectuel et physique.

Toilette. — Il convient de donner aux élèves la faculté de se laver le corps entier tous les jours.

Le système qui nous a paru préférable à tout autre est celui des bains-douches (D' Merry-Delabost, de Rouen).

Ce système consiste en une pluie d'eau sans pression et élevée à une température convenable (32 à 36°), puis un savonnage et, pour terminer, une dernière pluie qui achève le lavage. Une salle placée à côté de chaque chambre-dortoir est affectée à ces bains-douches.

En sortant de cette salle, l'enfant retourne dans sa chambre où il termine sa toilette.

On examine les élèves à la sortie des chambres et ceux qui ne sont pas corrects doivent recommencer leur toilette.

Dans le cas de contre-indication du docteur ou de volonté motivée des parents, le bain-douche est supprimé et l'enfant fait sa toilette selon ses habitudes familiales.

Lits. — Les lits restent ouverts le temps nécessaire à leur parfaite aération.

Les élèves ne font pas leur lit, sauf le dimanche, pour épargner, ce jour-là, la peine aux domestiques. Cette mesure a pour but d'enseigner aux enfants à penser aux autres dans

Le Hall

la vie ; de plus, elle a pour effet de leur apprendre qu'un homme bien élevé doit savoir tout faire.

Régime alimentaire. — Les enfants prennent leur premier déjeuner à 7 h. ¾. — Ce repas se compose alternativement de café au lait, de chocolat, de thé au lait avec pain et beurre. Dans le cas d'indication spéciale du docteur, les enfants peuvent avoir des œufs.

A midi, déjeuner à la fourchette comprenant :

1° Entrée (œufs, poisson, jambon ou sardines) ;

2° Viande accompagnée de pommes de terre ;

3° Légumes ;

4° Dessert.

Boisson : Eau et vin.

A 4 h. ½, goûter composé de pain et chocolat ou pain et fruits.

A 7 heures, dîner comprenant :

1° Soupe ou potage ;

2° Viande avec légumes ;

3° Salade et fromage, ou entremets.

Pour la confection des menus, nous suivons les données de la science, afin que le régime contienne les quantités nécessaires d'albuminoïdes, de graisse, d'hydrates de carbone et de phosphates ; il ne faut pas oublier que dans cette période de leur vie, les enfants ont à suffire au grand travail de leur croissance ; aussi est-il absolument nécessaire de leur donner non-seulement une nourriture de première qualité, mais des aliments variés, préparés de façon simple, mais agréables au goût, afin que l'appétit soit maintenu.

Nous nous inspirons des judicieuses observations du professeur Germain Sée et du docteur E. Perier, qui ont, de si près, étudié toutes ces questions de l'alimentation de l'enfance.

Ajoutons qu'il n'y a pas de rationnement.

Récréations, Jeux et Exercices physiques. — Marion, professeur à la Faculté des Lettres de Paris, écrivait en

1890, dans son rapport sur la discipline dans les lycées et collèges :

« La base naturelle, la première garantie d'une bonne « éducation morale, c'est, à nos yeux, une saine et virile « éducation physique. »

Et M. Léon Bourgeois, Ministre de l'Instruction Publique à cette époque, proclamait, dans une lettre adressée aux membres de l'Université : « Les jeux et les exercices de « force et d'adresse sont, pour le jeune âge, une condition « absolue de santé morale, non moins que de vigueur « physique. Nous n'avons pas le droit d'oublier que des « jeunes gens dont le corps, l'esprit et la volonté se forment, « ne peuvent pas plus se passer de libre et heureuse activité « que d'air et de soleil, pour compenser l'effort précoce qu'on « leur demande. »

Ces si judicieuses paroles ont-elles trouvé écho dans l'Université ? Chacun peut répondre.

Pour nous, nous les avons eues devant les yeux en arrêtant le programme de l'éducation physique de nos élèves. Nous nous sommes rappelé que les enfants doivent tous être actifs : la santé, la moralité, l'étude même sont à ce prix, car, la physiologie le prouve, le cerveau et la musculature se développent parallèlement et non aux dépens l'un de l'autre.

Les élèves ont donc, chaque jour, 4 h. 1/4 (compris la soirée) de récréation ; Sur ce temps, 2 h. sont consacrées à des jeux et exercices physiques en commun et obligatoires.

Une fois par semaine, l'après-midi est consacré, de midi ½ à 4 h. ½, à une excursion, soit dans la montagne, soit dans toute autre direction, avec visite d'exploitations industrielles, agricoles, etc.

Le but que l'on doit chercher à atteindre, dans l'éducation physique, c'est le développement harmonieux de toutes les aptitudes compatibles avec la constitution des enfants.

Il est absolument démontré que, pour y parvenir, rien n'est préférable aux exercices naturels, aux jeux en plein air. « Les jeux constituent la forme de gymnastique la mieux

Une Classe

« appropriée aux indications de la vie scolaire. Ils sont
« adaptés aux aptitudes physiques de l'enfant aussi bien
« qu'à ses besoins moraux. Ils sont à la fois hygiéniques et
« récréatifs..... Ils n'exigent ni efforts trop intenses, ni
« contractions musculaires trop localisées »[*]

Chez l'enfant, surtout avant la quinzième année, « l'exer-
« cice doit avoir uniquement pour objet de favoriser l'accrois-
« sement du corps dans toutes ses dimensions. Il faut que
« le jeune sujet prenne avant tout de la taille et du poids. »[*]

Ce sont donc les jeux de toutes sortes qui forment les
principaux exercices physiques des élèves : jeux français et
jeux anglais sont dans notre programme à côté de la marche,
de la course, de la natation, du canotage, du tir, etc.

Tous les jeux sont pratiqués au grand air ; l'enfant a
besoin d'oxygène et l'exercice lui est salutaire parce qu'il
lui en fait absorber une plus grande quantité. Mais faut-il
encore que cet oxygène ne soit pas vicié. « Le grand air est
« une condition tellement avantageuse, qu'aucune autre ne
« peut lui être préférée dans l'hygiène des enfants. »[*]

Toute la propriété de l'Ecole de l'Esterel est le domaine
des élèves pour leurs récréations et leurs jeux. Ils peuvent s'y
ébattre en liberté et y prendre le plaisir qui est si nécessaire
à l'enfant : « au point de vue de la santé physique, parce que
« c'est un excitant de l'énergie vitale, capable de donner une
« activité plus grande à toutes les fonctions de la nutrition... ;
« au point de vue de la santé morale, pour satisfaire à ce
« besoin naturel d'impressions agréables, très vif chez lui, et
« qui, faute d'un contentement avouable, cherche ailleurs sa
« satisfaction..... ; au point de vue aussi des fonctions du
« cerveau, car c'est le plaisir seul qui peut faire diversion à
« la fatigue cérébrale et non le travail des muscles : c'est le
« plaisir seul qui fait de l'exercice une récréation. »[*]

On veille attentivement à ce que les élèves ne restent

---

[*] D' Fernand Lagrange. — " Hygiène de l'Exercice chez les enfants et les
jeunes gens."

jamais immobiles après une période d'exercice sans se couvrir d'un vêtement (leur pèlerine).

Douche. — Après les jeux, les enfants quittent leurs vêtements spéciaux et prennent, s'il y a lieu, une douche tiède ou presque froide sous leur appareil de bain-douche. Ils se rhabillent ensuite avec leurs vêtements ordinaires. Les vêtements spéciaux, aussitôt quittés, sont séchés, au soleil autant que possible, et nettoyés.

Intervalle. — Les jeux en commun et obligatoires n'ont jamais lieu à jeun, ni surtout immédiatement après les repas ; un intervalle de 1 h. ¼ existe à l'horaire entre la fin du déjeuner et les jeux ; en agissant autrement, on exposerait les enfants à bien des troubles digestifs et intestinaux.

Examen Médical pour les Exercices physiques. — Pour donner toute garantie aux familles et éviter tout surmenage physique, le docteur de l'Ecole examine chaque enfant et donne un certificat où sont mentionnés les exercices qui lui sont permis et ceux qui lui sont interdits ; de plus on veille à ce que les exercices, quels qu'ils soient, ne causent jamais de fatigue trop grande, même aux mieux portants.

Travaux manuels et Jardinage. — Les élèves apprennent à travailler le bois et les métaux. Ces travaux sont obligatoires pour les élèves de la section générale et facultatifs pour ceux des sections spéciales (sauf la section de l'agriculture et de la colonisation où ils restent obligatoires).

Nous ne cherchons à faire, ni des menuisiers, ni des serruriers parfaits, mais à rendre nos élèves débrouillards, ingénieux, sachant manier avec adresse les outils les plus usuels.

Le jardinage est pratiqué par tous les élèves. Des notions exactes leur sont données sur les travaux agricoles, auxquels ils assistent et prennent part, autant que possible, dans la

Salle à Manger

Les Chambres — Dortoir

férme proche de l'Ecole. Naturellement cet enseignement prend une extension très grande dans la section d'agriculture et de colonisation.

Service Médical. — L'Ecole de l'Esterel étant créée pour les enfants bien portants, les élèves n'y sont admis qu'avec l'approbation du docteur de l'Ecole.

Au commencement de chaque année, les enfants sont examinés par le docteur qui consigne par écrit ses observations sur chacun d'eux. Il est fait mention de leur taille, de leur poids, de leur tour de poitrine. Ces trois dernières indications sont prises au commencement et à la fin de chaque trimestre.

Le docteur indique s'il doit être fait pour certains élèves des modifications au régime de l'Ecole.

Ces soins généraux ne donnent lieu à aucun supplément de prix. Il n'est réclamé aux parents de frais médicaux que dans le cas de maladie aiguë, dont ils sont immédiatement avisés.

Inutile d'ajouter que toutes les mesures sont prévues pour le parfait isolement des malades.

Rôle du Médecin.—Le rôle du médecin dans l'Ecole est de diriger l'éducation des enfants sains de telle sorte qu'ils ne deviennent pas malades.

Une des erreurs de l'époque contemporaine est d'avoir voulu soumettre à des règles uniformes l'éducation, sans tenir un compte suffisant des grandes différences qui existent entre les enfants du même âge suivant les aptitudes que donnent à chacun l'hérédité, l'innéité, le tempérament. les anomalies de la croissance physiologique, etc. Les pédagogues ont agi dans l'établissement de leurs méthodes et de leurs programmes comme si tous les corps, évidemment si dissemblables, recélaient des intelligences identiques et comme si le moral était indépendant du physique.

La vérité est qu'il y a autant de variétés entre les aptitudes intellectuelles des enfants qu'entre leurs aptitudes physiques. Or à des enfants différents il est logique d'appliquer des méthodes d'éducation et d'instruction différentes ; pour chacun d'eux il faut modifier la méthode générale, théorique et idéale. Grâce à notre organisation, cela nous est possible sans rompre l'unité d'ensemble.

Le médecin est un homme de bon conseil, non seulement au point de vue de l'hygiène physique de l'enfant, mais aussi de son éducation morale et de son instruction : il ne doit pas moins indiquer l'hygiène cérébrale que l'hygiène alimentaire de l'élève.

A mesure que l'enfant grandit, apparaissent des caractères physiques qui, observés par un médecin sagace, peuvent dénoter telle ou telle tendance, telle ou telle prédisposition nécessitant une éducation appropriée. Un examen périodique de chaque enfant, même bien portant en apparence, donne des indications précieuses. Tel élève paraît dépourvu d'intelligence qui, atteint de végétations adénoïdes, n'entend qu'imparfaitement les explications du maître. Tel est réputé sans mémoire, parce qu'il a une circulation encephalique troublée ou des cellules cérébrales intoxiquées par suite de constipation opiniâtre et de stercorémie habituelle. Un autre est considéré comme un mauvais caractère, parce qu'il digère mal. Celui-là est paresseux et indolent, parce qu'il est phosphaturique ou azoturique. On trouve l'explication de l'irrégularité dans le travail de celui-ci par la constatation d'une albuminurie intermittente. Beaucoup d'enfants réputés indociles, paresseux ou pervers sont des neurasthéniques, ayant plutôt besoin d'hydrothérapie, de bromure ou d'injections d'eau salée que d'objurgations et de punitions. La plupart de ces états pathologiques, dont l'influence sur les fonctions du cerveau est incontestable, sont de nature à demeurer assez longtemps latents si on ne les recherche pas systématiquement. Aussi ne doit-on pas attendre le jour, parfois tardif, où leur existence se trahit par quelque gros symptôme somatique.

Il y a encore les crises physiologiques, dont le médecin

Une Chambre

peut dévoiler aux maîtres l'importance au point de vue du travail. La croissance d'un enfant s'arrête et son intelligence paraît s'engourdir : ce peut être par suite d'une insuffisance des fonctions de la glande thyroïde. Un autre a une croissance exagérée, il faut interrompre son travail ou l'alléger.

Quand les premières années d'études sont franchies et qu'il s'agit d'orienter plus particulièrement l'écolier vers telle ou telle carrière et, par conséquent, de lui faire suivre telle ou telle catégorie d'enseignement, l'avis du médecin est indispensable.

— L'avis des maîtres ne saurait suffire, car, dans toute carrière, le succès dépend de la santé et des aptitudes physiques autant que des aptitudes dites intellectuelles. Comme il est souvent nécessaire de faire ce choix de bonne heure, il faut consulter le médecin au début des études pour la direction primitive à donner et périodiquement lui demander un nouvel examen pour s'assurer qu'on ne fait pas fausse route en suivant l'impulsion initiale.

Il indique enfin comment on peut dépister et enrayer les déformations corporelles causées ou aggravées par la vie scolaire, comme la myopie ou la scoliose (déviation latérale de la colonne vertébrale).'

Linge. — Les draps sont changés tous les 15 jours :

Les chemises de jour..............	2 fois par semaine ;	
Les chemises de nuit...............	1 fois »	»
Les chaussettes....................	2 fois »	»
Les caleçons.......................	1 fois »	»
Les cols et manchettes........	2 fois »	»
Les mouchoirs.....................	à volonté.	

Néanmoins, les laps de temps indiqués ci-dessus ne sont pas absolument de rigueur et le linge peut être changé plus souvent si cela est nécessaire.

Trousseau. — Les enfants doivent avoir un trousseau composé de :

---

* Dans notre conception du rôle qu'il faut attribuer au médecin dans l'École, nous sommes complètement d'accord avec le D' P. Le Gendre, des hôpitaux de Paris, auteur de nombreux travaux sur la thérapeutique scolaire et président de la *Ligue des médecins et des familles*.

8 chemises de jour, (sans col ni manchettes).
12 cols droits.
12 paires de manchettes.
6 chemises de nuit.
6 paires de chaussettes en coton cachou.
6 paires de chaussettes en laine noire.
1 cape.
1 paire de gants peau.
1 » » » fil blanc.
1 paire bottines fortes pour jeux.
2 paires bottines pour tous les jours.
1 paire bottines habillées.
1 paire de pantoufles.
2 chapeaux toile blanche.
1 coiffure d'uniforme.
3 peignoirs éponge.

1 douzaine serviettes toilette
18 mouchoirs.
6 caleçons croisé coton mince
2 combinaisons en laine*.
3 chandails laine*.
4 chemises flanelle*.
2 culottes molleton*.
3 culottes coutil.
1 uniforme d'hiver.
1 » d'été.
1 peignoir molleton de laine
4 gants tissu éponge.
1 éponge.
1 brosse à tête.
1 » à habits.
1 » à ongles.
1 » à dents.
1 démêloir.
1 pierre ponce.
1 paire ciseaux à ongles.
1 lime.

Éducation intellectuelle. Temps consacré par jour à l'Etude. — Les jeunes élèves (classes de 9e, 8e et 7e) ont 4 heures de classe par jour, soit 4 classes de 1 heure chacune. De plus, ils ont journellement 2 h. ¾ de travail de préparation ; ce temps est libre en partie, c'est-à-dire que les enfants qui ont terminé leur besogne en 2 heures peuvent employer le reste du temps à une lecture ou à un autre travail facultatif.

Les élèves plus grands (classes de 6e et 5e) ont une moyenne de 4 heures de classe par jour et le même temps de préparation que ci-dessus, avec la même permission d'emploi facultatif si le travail donné est terminé.

Les élèves de 4e et de 3e ont environ le même temps de classe par jour ; seul, le temps de préparation est augmenté ; en effet, les grands élèves sont plus aptes à fournir un travail

---

* Pour les jeux et les travaux manuels.

La Douche

personnel qui leur est vraiment profitable, tandis que les plus jeunes ont surtout besoin de travailler en classe avec l'aide de leur professeur.

Les heures de classe et de travail préparatoire pour chacune des 4 sections spéciales sont indiquées dans les bulletins particuliers à chacune de ces sections et contenant également les plans d'études.

Durée de chaque classe. — Une classe ne dure jamais plus d'une heure. A la fin de chaque classe, la salle est largement aérée.

Nombre des élèves. — Les élèves ne sont jamais plus de 10 à 12 par classe afin que le professeur puisse vraiment s'occuper de *tous* ses élèves. La salle de classe appartient au professeur et non à une division d'élèves. Je m'explique : il n'y a pas la classe de 6e, la classe de 4e, etc., mais la classe d'histoire, celle de mathématiques, etc., où se succèdent les différentes divisions d'élèves. De la sorte, le professeur, maître de la salle, peut y disposer des cartes, des collections, des tableaux, ou toute autre chose qu'il juge susceptible d'éveiller l'attention ou l'intérêt de ses élèves et de leur rendre attrayante la branche d'enseignement qu'il professe.

Spécialisation des professeurs. -- Les professeurs ont donc leur spécialité. Cela permet d'exiger une plus grande compétence de la part du maître et de donner plus d'importance à chaque branche d'enseignement.

On a remarqué que des maîtres pleins de mérite réussissaient moins bien avec certains élèves qu'avec d'autres. Il peut arriver qu'une année entière d'études soit compromise par suite du manque de sympathie intellectuelle entre le maître et l'élève. En multipliant les professeurs, cet inconvénient est évité.

Une objection peut nous être faite : Cette multiplicité des maîtres n'empêche-t-elle pas la vue d'ensemble des travaux de l'élève ? Nous y remédions par l'institution des *tuteurs intellectuels*, dont nous allons parler.

Tuteurs intellectuels. — « Tout homme naît apte à quelque chose ». Le triomphe de l'éducation est de découvrir cette aptitude et de la développer. A l'Ecole de l'Esterel, c'est une de nos plus grandes préoccupations. Le directeur met tout son zèle à découvrir les tendances d'esprit et les facultés dominantes de chaque élève. Mais, pour y parvenir, il a besoin d'être secondé dans le détail journalier. Nous avons, dans ce but, créé les tuteurs intellectuels.

Chaque professeur de l'Ecole est chargé, au début de chaque année, d'un nombre restreint d'élèves (10 à 12), qui ne font pas nécessairement partie de la même classe. Il a pour mission de se renseigner auprès de ses collègues sur le travail de chacun de ces élèves, sur leurs qualités et défauts d'esprit, etc. Il doit s'occuper plus particulièrement d'eux au point de vue de l'ensemble de leurs études, les encourager dans leur travail, s'efforcer de gagner leur confiance et causer avec eux. En un mot, son but est de découvrir l'aptitude de l'enfant.

C'est en se basant sur les rapports du médecin de l'Ecole et des tuteurs intellectuels, sur les appréciations des autres professeurs et sur ses observations personnelles, que le directeur se forme une opinion documentée et qu'il peut, le moment venu, donner son avis aux parents sur la section particulière où les aptitudes de leur enfant semblent le conduire, leur laissant, naturellement, toute liberté personnelle de choisir.

Education par le « frère aîné ». — Les élèves veillent les uns sur les autres, les plus âgés sur les plus jeunes. Les aînés, surtout les chefs de sections ou *capitaines*, sont les amis et collaborateurs de leurs maîtres et sont chargés d'une responsabilité proportionnée à leur force de caractère. A mesure que, par leur sérieux, ils acquièrent plus d'influence, leurs attributions sont augmentées, et par leur seule autorité, ils arrivent à contraindre leurs camarades à suivre la règle. Cela permet de restreindre la surveillance du professeur et de réserver son intervention pour les cas graves.

Salle de Bains

Cette collaboration effective et durable des camarades les plus âgés et déjà anciens dans la maison, d'intelligence reconnue et de volonté énergique, ne diminue en rien le prestige du professeur.

Servant d'intermédiaires entre la direction et les autres élèves, les « capitaines » se montrent généralement plus soucieux de leur responsabilité que de leurs privilèges, et ils témoignent à leurs jeunes camarades le même désir d'être utiles, la même sympathie affectueuse qui leur sont montrés à eux-mêmes par leurs professeurs. Ainsi s'établit une forte cohésion : maîtres et élèves se sentent, en quelque sorte, citoyens d'un petit Etat dont ils cultivent le sol, qu'ils administrent en partie, dont la prospérité, le bon esprit et le bon renom dépendent d'eux.

Les Programmes. — Le plan d'études de l'Ecole de l'Esterel se divise en deux grandes parties :

1° Section générale. — 2° Sections spéciales.

La *Section générale*, qui se termine avec la classe de troisième, comprend l'instruction nécessaire à tout homme, quelle que soit sa carrière.

Nous suivons les grandes lignes des nouveaux programmes universitaires. Nous faisons en sorte que nos élèves soient, à la fin de chaque année scolaire, de même force que les élèves des classes correspondantes des lycées de Paris. Mais, voulant dégager l'enseignement de toutes les broussailles inutiles et le rendre avant tout clair et pratique, nous nous réservons de faire faire les études inscrites aux programmes, suivant la méthode que nous nous sommes tracée. Il est inutile, en effet, d'entasser connaissance sur connaissance, pour n'arriver qu'à un résultat négatif au point de vue pratique. Ce que nos élèves apprennent leur servira réellement.

Dans tout leur enseignement, les professeurs ont toujours devant les yeux le but à atteindre : faire que l'instruction soit vraiment utile dans la vie de l'élève devenu homme.

Langues vivantes. — Les langues vivantes convenablement enseignées possèdent, sans aucun doute, la plupart des qualités pédagogiques qu'on attribue exclusivement aux langues mortes.

Nous voulons faire, de l'étude rationnelle des langues étrangères, un instrument d'éducation et les élever au rang d'humanités. L'anglais et l'allemand sont enseignés d'après des méthodes extrêmement pratiques et les élèves, exercés à la conversation, parlent couramment avant de faire des devoirs écrits. De plus, on saisit toutes les occasions pour faire pratiquer ces langues en dehors des heures de classes qui leur sont consacrées. Dans les jeux d'ensemble et à table, l'usage de la langue étrangère est de règle. Le personnel même des employés est composé d'étrangers, parlant très correctement leur langue, qui ont ordre de ne s'entretenir que dans leur idiome natal avec les élèves.

On fait faire aux élèves des lectures de longue haleine dans le texte des principaux auteurs anglais, allemands, etc., pour qu'ils en connaissent non-seulement les mots mais les idées, et se pénètrent de leur esprit national.

Les enfants sont envoyés en Angleterre et en Allemagne dans des écoles avec lesquelles nous sommes en correspondance ; l'époque et la durée de ce séjour sont décidées de concert avec les parents. Un professeur accompagne les élèves à l'aller et au retour.

Sections spéciales.— Arrivés à la fin de la 3e, il est nécessaire que les élèves se spécialisent selon leurs aptitudes et la carrière qu'ils veulent embrasser. Ils entrent alors dans une des 4 sections suivantes :

Section des Lettres ;
Section des Sciences ;
Section de l'Industrie et du Commerce ;
Section de l'Agriculture et de la Colonisation.

Les deux premières de ces sections comprennent respectivement toutes les études nécessaires pour l'obtention des divers baccalauréats. Bien qu'il soit permis de penser que baccalau-

Vue prise derrière l'École sur les îles de Lérins

réats et diplômes ne prouvent pas toujours la valeur réelle d'un homme, on ne doit pas oublier que, dans l'état social actuel de la France, beaucoup de situations sont inaccessibles sans cela. Aussi, conduisons-nous nos élèves aux baccalauréats et les mettons en état de se préparer aux grandes écoles : Polytechnique, Normale, Centrale, Navale, Institut agronomique, etc., etc. Mais, et c'est ce qui fait la supériorité de notre programme, la préparation aux examens ne se fait pas au détriment de tout autre développement intellectuel ; de plus, tous les élèves ne sont pas englobés dans cette préparation et il est loisible à ceux qui le veulent de faire des études différentes. Ils entrent alors dans l'une des deux autres sections : Section de l'Industrie et du Commerce ou Section de l'Agriculture et de la Colonisation.

Les études, dans ces deux sections, ont un caractère plus immédiatement utilitaire et conduisent directement à des carrières où les qualités d'énergie, de volonté, d'endurance au travail, secondées par des connaissances spéciales, développées théoriquement et pratiquement, assurent un brillant succès aux jeunes gens de notre époque.

Classement. — Lorsqu'un enfant se trouve manifestement trop faible pour une des branches d'enseignement de sa classe, on le joint aux élèves de la division inférieure et le professeur le prend en particulier autant que cela est nécessaire pour le mettre en état de vaincre les difficultés et de rattraper les élèves de sa division. Ces conseils particuliers ne donnent lieu à aucun cachet supplémentaire.

Récompenses. — Nous voulons substituer à l'intérêt particulier le bien commun, aux préoccupations personnelles et à l'égoïsme le sentiment du devoir et l'esprit de solidarité. Nous évitons d'employer les moyens d'émulation qui n'agissent d'ordinaire que sur un nombre restreint d'élèves, dont ils surexcitent la vanité, tout en provoquant la jalousie et parfois la haine chez les autres. Ces moyens n'exercent aucune influence sur les médiocres, qui ont le plus besoin de stimulant, et leur enlèvent même toute énergie, dès que l'espoir du triomphe s'est évanoui pour eux.

Le désir de bien faire peut suffire comme mobile d'action, sans celui de surpasser son voisin. Nous préférons donner libre carrière à toutes les énergies sans consacrer officiellement le mérite souvent relatif de quelques individualités.

Tous les bons points obtenus par les élèves studieux et réguliers sont additionnés, mais de leur somme est retranché le nombre des mauvais points mérités par les élèves paresseux et dissipés. Quand le total général obtenu à la fin de la semaine atteint le chiffre exigé, une récompense convenue d'avance est accordée à toute la communauté : ainsi s'établit une louable et généreuse émulation, et chacun cherche à faire de son mieux dans l'intérêt de tous. Les travailleurs sont bien vus par tout le monde, mais les paresseux ou les menteurs n'auraient pas beau jeu.

Arts d'agrément. — Les programmes comprennent : la musique (solfège), le dessin, le modelage et la danse.

Dessin. — Le dessin est enseigné suivant les principes rationnels de l'observation exacte et de la reproduction des objets usuels et de la nature.

On habitue surtout les élèves à savoir prendre rapidement et nettement le croquis d'un objet, d'un monument, d'un site, etc.

Le dessin est, dans bien des cas de la vie pratique, le complément de la parole pour la parfaite clarté d'une description, d'une explication, d'un ordre.

Les élèves qui ont des dispositions spéciales, soit pour le dessin graphique, soit pour le dessin d'imitation, sont encouragés par tous les moyens dont nous disposons pour que se développe complètement en eux le sentiment artistique et l'amour du beau.

Les soirées. — Nos soirées, passées en commun, ont pour objet de resserrer les liens entre professeurs et élèves, de développer la sociabilité des enfants et d'en faire des hommes bien élevés.

On profite de ces soirées pour mettre les élèves au courant de toutes les choses contemporaines pouvant les intéresser, leur développer le jugement et étendre leurs connaissances, tant au point de vue scientifique que littéraire, historique ou artistique. Sous forme de causeries, on leur fait ainsi une sorte de Revue parlée qu'on rend plus attrayante à l'aide de dessins, de photographies et de projections.

On fait aussi des lectures à haute voix en les expliquant.

D'autres soirées sont consacrées à la musique, à la danse et aux jeux de société.

Les élèves doivent se conduire dans le salon de l'Ecole comme s'ils étaient dans le salon de leur mère et s'exercer aux manières délicates qui font l'homme du monde.

Renseignements divers

Année scolaire. — L'année scolaire est partagée en trois termes.

1° Le terme d'automne commence fin Septembre.

2° Le terme d'hiver commence vers le 3 Janvier.

3° Le terme de printemps commence environ huit jours après Pâques et finit vers le 20 Juillet. Il n'y a pas de congés intermédiaires ni de *sorties*, même le dimanche, sauf le cas où un enfant serait demandé par ses parents pour une circonstance *tout à fait exceptionnelle*.

L'Ecole prend des demi-pensionnaires à des conditions spéciales.

Des cours particuliers sont faits pour les élèves étrangers et dans leur langue.

Prix de la pension. — Le prix de la pension, payable d'avance et par tiers, est de 1500 fr. par an pour les classes de la section générale et de 1800 fr. pour les classes des sections spéciales. Tout trimestre commencé est dû en entier. Toutefois, si un nouvel élève entre à l'Ecole pendant le cours d'un trimestre, la pension n'est due que depuis la quinzaine pendant laquelle l'enfant est entré. Les parents qui voudraient retirer leur enfant à la fin d'un trimestre devront prévenir le Directeur un mois à l'avance. A défaut, le trimestre suivant serait dû.

Le dessin, le modelage, la musique vocale, la gymnastique, la danse, la natation, le tir, sont compris dans le prix de la pension.

La musique instrumentale, l'escrime et l'équitation sont comptées à part.

La literie, les draps, le linge de table et les couverts sont fournis par l'Ecole, qui ne demande aux élèves que leur trousseau personnel.

Le stage facultatif que les élèves font à l'étranger n'entraine pas pour les parents de frais supplémentaires, sauf les frais stricts de voyage.

Pour tous renseignements s'adresser à

Monsieur L'Abbé J. CAYLA.

Directeur de l'Ecole de l'Esterel.
Mandelieu, près Cannes (Alpes-Maritimes).

On peut visiter l'Ecole tous les jours en prévenant à l'avance si possible.

MOYENS DE TRANSPORT :

Chemin de fer P.L.M., Station de la Napoule — 2 kilom. de l'Ecole.
Tramways électriques de Cannes à la Bocca — 4 kilom. de l'Ecole.
Voiture de place à Cannes: 6 fr. aller et retour avec séjour d'une heure ½.

Une ligne téléphonique va relier l'Ecole de l'Esterel au réseau des Alpes-Maritimes.

La Napoule et l'Esterel vus de l'École

H. Gaudichon, Phot.

Contraste insuffisant

NF Z 43-120 14

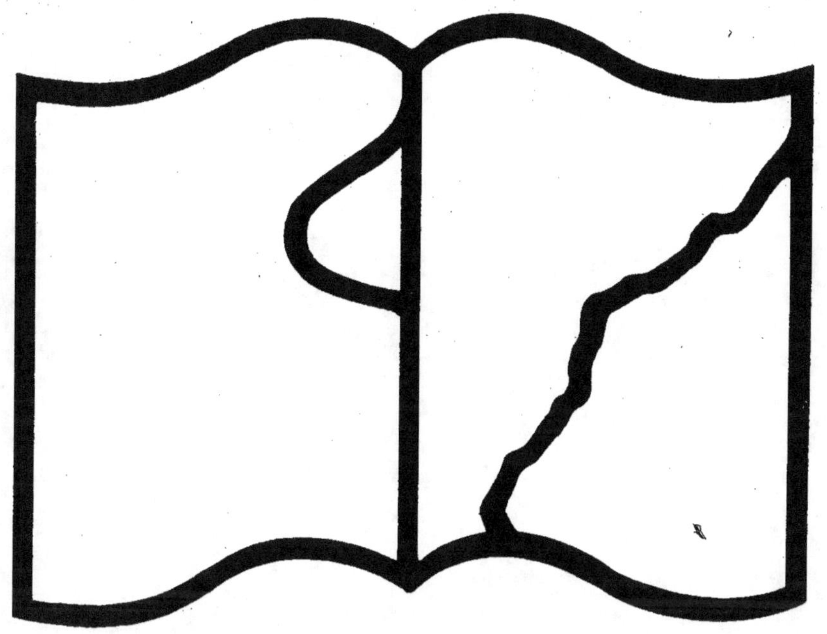

Texte détérioré — reliure défectueuse

NF Z 43-120-11

www.ingramcontent.com/pod-product-compliance
Lightning Source LLC
LaVergne TN
LVHW012100030726

842523LV00002B/641